Isabella und Paulo Schnatz

SCHNARR!
(Kurze Geschichten und einige Sinnsprüche zur Lebenshilfe)

Isabella und Paulo Schnatz

SCHNARR!

(Kurze Geschichten und einige Sinnsprüche zur Lebenshilfe)

Rediroma-Verlag

Bibliografische Information der Deutschen Nationalbibliothek:
Die Deutsche Nationalbibliothek verzeichnet diese Publikation in der Deutschen Nationalbibliografie; detaillierte bibliografische Daten sind im Internet über http://portal.dnb.de abrufbar.

ISBN 978-3-98527-571-7

Umschlagillustration:
Altrendo Images (shutterstock.com)

www.rediroma-verlag.de
6,95 Euro (D)

Inhalt

Titel und Titelerklärung

Die vorliegenden Geschichten des Autors Paulo Schnatz wurden aufgrund seines in seinem Autorenvertrag geäußerten Wunsches unter dem Gesamttitel

„Schnarr!“

zusammengefasst. Um dem Leser, der ob dieses Titels Ratlosigkeit zeigen mag, entgegenzukommen, hatte Schnatz auf einem eigenen Blatt Papier erklärt, was es mit diesem eigenartigen Titel auf sich hat. Die Erklärung lautet wie folgt:

Wie der geneigte Leser richtig vermuten wird, handelt es sich bei dem Titel „Schnarr!“ um das sprachliche Kürzel für einen akustisch-physikalischen Vorgang, der, durch seine sprachliche Wiedergabe in Form eines Begriffes cum Ausrufezeichen ermöglicht, über ihn zu reflektieren, wo ansonsten nur sensuale Rezeption möglich wäre. Der Titel gehört damit in eine Klasse von sprachlichen Phänomenen, die vor allem in hochwertigen Comics zu finden sind. „Schnarr!“ ist, um deutlich zu machen, was ich meine, sozusagen der Verwandte ersten Grades von „Seufz!“, „Ächz!“ oder auch „Rülps!“.

In welchen Situationen ist es angebracht, „Schnarr!“ zu sagen? Am besten wirkt das Beispiel: Wenn mein Vater sagte, „ab Morgen werde ich mit Macht ans Abnehmen gehen“, dann entfleuchte uns Kindern manchmal bereits ein in die vorgehaltene Hand geatmetes „Schnarr!“. Wenn führende Politiker uns ermahnen, nach vorne zu blicken, dann ist „Schnarr!“ eine passende Reaktion. Wenn als Gäste bei einer Talkshow, die sich mit Sterbehilfe oder auch mit der Macht der Gestirne befassen soll, wieder einmal der Kochbuchautor, der ehemalige Boxer, der Erfinder der Hutabnehmmaschine, die Jakob Sisters und ein Leibwächter Lenins vorgestellt werden, dann passt „Schnarr!“. Wie ganz richtig gedacht werden könnte, sind „Schnarr!“ und das herrliche jiddische „Nebbich!“ enge Verwandte. Der Unterschied besteht allerdings darin, dass „Schnarr!“ nur eine sehr unvermittelte erste Reaktion auf die Erfahrung des Absurden darstellt, während im „Nebbich!“ ein ganzes ausgearbeitetes philosophisches System aufscheint. Der logisch-epistemologische Spielraum von „Nebbich!“ ist also weiter als der von „Schnarr!“. Das kann man gut erklären: Man kann auf ein „Schnarr!“ durchaus ein „Nebbich!“ folgen lassen, nicht aber auf ein „Nebbich!“ ein „Schnarr!“.

Jedes weitere Verständnis möge der Leser aus der Lektüre selbst gewinnen, nachdem ich mit den wenigen obigen Zeilen eine kleine Schützenhilfe zu geben versucht habe. Jedes weitere Wort wäre überflüssig und würde mich in die bekannte Aporie Hegels versetzen, der sich nicht enthalten konnte, seiner „Phänomenologie des Geistes“ ein Vorwort voranzustellen, obwohl er den Anspruch erhob, dass sich der Geist im Vollzug des eigentlichen Werkes entbergen sollte, ein Vorwort also, das der Idee des Werkes ebenso zuwiderlief wie der Ruf „jetzt geht's los!“ auf einem Parteitag. Entweder geht es in der Tat los oder nicht. Ist Letzteres der Fall, hilft auch keine Autosuggestion. Deshalb beende ich meine Erklärung jetzt und verweise zur Entbergung von „Schnarr!“ auf die Texte an sich.

03.09.09

45 beide und 70 – Null

Vergessen wir die Sirenen, die Sanitäter, die polizeilichen Protokolle. Als das Urteil über lebenslängliche Sicherheitsverwahrung in einer psychiatrischen geschlossenen Anstalt ergangen war, hatte mir mein Anwalt aufmunternd zugezwinkert, mit der Hand ein „V“-Zeichen geformt und gemeint, dass das nicht die schlechteste aller Lösungen wäre.

Ich stimmte innerlich zu: lieber ein Leben lang mit den völlig Meschuggenen verbringen, als noch einmal ein solches Tennismatch erleben zu müssen!

Alles hatte damit begonnen, dass mein bester Freund Hans-Heinz und ich über einem Glas „Traminer“ beschlossen hatten, einmal miteinander Tennis zu spielen. Gesagt, getan. Drei Tage später stand er vor mir, in blendend weißem Oberteil der Marke „Meiki“, dazu passenden Shorts, die modische und nagelneue Tenniskappe ausgerichtet wie die Skipperkappe des Kommandanten eines nuklearbetriebenen Flugzeugträgers. Den Tennisschläger aus Titan-Carbon-Verbund-Material zog er mit konzentrierter Miene aus seiner Hülle wie König Arthur sein Schwert Excalibur aus der Scheide gezogen haben mag. Kurz bevor wir unsere Position auf den entgegengesetzten Seiten des Platzes eingenommen hatten, murmelte er: „Ich kann aber nicht zählen."

Darauf ich: „Das spielt keine Rolle."

Das etwa zehn Minuten dauernde Einschlagen ließ mich nichts Gutes schwanen. Etwa jeden dritten Ball beförderte Hans-Heinz über den etwa dreißig Meter hohen Begrenzungszaun auf die danebenliegende dicht befahrene Straße, wo immer auch prompt ein Kanonenschlag ähnlicher Knall signalisierte, dass wieder einer der fünf Euro teuren Spezialgasdruckbälle unter einem Autoreifen zerplatzt war. Jedes Mal, wenn Hans-Heinz solchermaßen einen Ball gekillt hatte bzw. jedes Mal, wenn absehbar war, dass die ballistische Kurve des Balles in Richtung Straße verlaufen würde, äußerte er ein lautes: „Na bravo!" Um uns zu mehr Konzentration zu zwingen, beschlossen wir, einen Satz zu spielen.

Ich: „Willst du zuerst aufschlagen, Hans-Heinz?"

Hans-Heinz: „Ist mir völlig egal."

Ich: „Dann los, du!"

Daraufhin stopfte sich Hans-Heinz jeweils fünf Bälle in eine Tasche seiner Hose und stellte sich genau in die Mitte der Grundlinie, nicht ohne vorher diese mit einem Taschentuch von roten Sandkörnchen gesäubert zu haben.

Ich: „Du musst von rechts nach links aufschlagen!“

Er schaute verdutzt, ließ pseudo-nachdenklich drei mörderische Minuten verstreichen und bewegte sich anschließend einen Schritt nach rechts. Nach dem ersten Doppelfehler meinte er fragend: „Dreißig – null?“

Ich: „Warum dreißig – null?“

Er: „Ein Punkt ist fünfzehn und zwei sind bekanntlich das Doppelte!“

Ich: „*Ein* Doppelfehler ist *ein* Punkt und weil in diesem Fall du den Doppelfehler gemacht hast, gehört der Punkt mir.“

Er: „O.K., dann halt fünfzehn – null.“

Ich: „Nein, der Aufschläger wird zuerst genannt, also muss es null – fünfzehn heißen!“

Neuer Aufschlag. Hans-Heinz vergaß, die Seite zu wechseln.

Ich: „Jetzt aber von links!“

Daraufhin murmelte er etwas, was „gehüpft wie gesprungen“ geheißen haben mag. Er machte in schneller Folge zwei weitere Doppelfehler, die er mit der Bemerkung abschloss: „Fünfundvierzig – null.“

Ich: „Wieso fünfundvierzig?“ Er, ungerührt und mit mörderischer Altklugheit: „Na ja, drei Punkte für dich, einer zählt fünfzehn, gibt was? Fünfundvierzig!“

In diesem Moment hatte ich zum ersten Mal das Gefühl, dass sich eine bizarre Katastrophe zusammenbrauen könnte. Trotzdem korrigierte ich äußerlich beherrscht: „Null – vierzig."

Er: „Oberlehrer!"

Als ich mich auf meinen ersten Aufschlag konzentrierte, zitterte ich bereits so sehr vor innerer Erregung und Aggression, dass ich den Ball über die Abgrenzung Richtung Straße beförderte. Hans-Heinz: „Na bravo!"

Mein nächster Aufschlag landete im richtigen Quadrat, aber irgendwie schaffte es Hans-Heinz, den Ball mit dem Rahmen des Tennisschlägers so zu berühren, dass er auf der Netzkante aufsetzte und auf meiner Seite zu Boden plumpste wie eine Kartoffel.

Er daraufhin: „Null – dreißig!"

Ich: „Wieso, Null – dreißig?"

Er: „Weil er zwei Mal aufgesprungen ist, einmal auf der Netzkante und einmal auf dem Boden, zwei mal fünfzehn macht nun mal dreißig, nach Adam Riese!"

Jetzt tastete ich verzweifelt nach meinen Betablockern, die ich für Notfälle immer bei mir trug. Just in diesem Moment der Unachtsamkeit hatte Hans-Heinz aufgeschlagen und sein Ball riss mir die Brille vom Gesicht.

Er: „Na bravo!"

Ich: „Du verdammtes Riesenarschloch!“

Er: „Fünfundvierzig beide und siebzig – null!“

Er: „Wegen ungebührlicher Sprache auf dem Platz!“

Da verlor ich die Kontrolle, hechtete über das Netz und erwischte ihn, obwohl ich ihn nur noch schemenhaft erkennen konnte, trotzdem treffsicher bei der Gurgel und drückte zu.

Bevor mich die befreiende Adrenalindusche in die wohlig roten Wolken des Lustmörderparadieses einsinken ließ, hörte ich ihn noch sagen: „Mit dir spiele ich nie wieder!“

Die nächsten Minuten kann ich nicht erinnern. Ich kam wieder zu mir, als ich, bekleidet mit einer Zwangsjacke und umgeben von Menschen in weißen Turnschuhen, vor einem Kombi mit der Aufschrift „ärztlicher Notdienst“ am Boden lag. Einer der Weißschuhe sagte noch: „Der Kehlkopf muss zerplatzt sein wie eine Papiertüte.“ Ein anderer: „Der war wirklich gut drauf, hundert Pro!“ Ein Dritter: „Na bravo!“

Abendstimmung oder fegt der Tanga?

Wir blickten über den stillen Fluss auf die Wipfel der Pappeln am gegenüberliegenden Ufer. Über den Bäumen stieg die Venus „traurig und prächtig herauf.“ (Hölderlin) Im Licht der beschaulichen Straßenlampen krochen Schwärme, nicht von Maikäfern, sondern von besoffenen Volksfestbesuchern und suchten nach verlorenen Schlüsseln, Kämmen und Fischsemmeln.

Immer wieder knirschte, rülpste und jaulte es, wenn zielorientierte Sportradler ungebremst in die Bodenschwärme rammten. Einmal hob es einen der Sportler in buntem Funktionstrikot so weit in die Höhe, dass eine Möwe auf ihn niederstieß, einen besonders leckeren Happen ihren Weg kreuzend wähnend. Das nanotechnologisch versiegelte Trikot ließ Klauen und Schnabel abrutschen, dem Sportler zum Glück, der Möwe zum Pech.

Eine Stimme vom Nebentisch: „Allen geht’s heute gut, aber Ordnung gehört auch wieder her! Denn ohne Ordnung hätten die Deutschen es nie geschafft, dass die Seeschlacht von Skagerrak unentschieden ausgegangen ist!„

Da war es wieder. Was es wohl war? Ein Holzwurm im Fischkasten am Fluss? Das Schnarchen einer Maus? Oder tat sich ein Biber an einem

Tischbein gütlich? Ein feines, lang gezogenes Sägen durchherrschte die dämmrige Luft. Dann sahen wir es: Auf dem Weg, etwa 30 Meter entfernt, wiegte sich eine dralle Blondine in rotem Wursthautkleid zu den Rhythmen eines Ghettoblasters, den eine Horde von Pennern am anderen Ufer aufgebaut hatte. Deutlich zeichnete sich ein kompromissloser Tanga unter der Rockpelle ab. Zwei-Promille-Schrei von den grölenden DJs auf der anderen Seite: „Fegt der Tanga? Ha, fegt der Tanga?“ Das feine Sägen bestätigte.

In diesem Moment ließ ein Kanonenschlag die Gläser auf unserem Tisch erzittern. Das von allen erwartete Feuerwerk hatte begonnen. Als erste Figur zeichneten die Raketen ein riesiges rotes Herz in den samtigen Abendhimmel.

Aghoris verschmähen Menschenrippe oder die wahre Geschichte der Schlacht von Stalingrad

Gabriele hatte immer schon eine Begabung dafür gehabt, zwei Fliegen mit einer Klappe zu erledigen. Schließlich war sein Leben von D'Annunzioforschern als Prototyp des Multitasking definiert worden. Einen blassen Eindruck davon bekommt man noch heute, wenn man sich das „Kribiskrabis“ im „Vittoriale“ vor Augen führt.

Aber jetzt zum Kern der Geschichte.

Eines Tages war Gabriele in seinem indigoblauen Bad auf die Idee gekommen, sich operativ seine beiden untersten Rippen entfernen zu lassen, um sich mühelos selber einen blasen zu können. Gesagt, getan. Die Rippen wurden entfernt, die resultierende Erleichterung war die erhoffte. Glücklich bewahrte Gabriele die Knochen in einem antiken Pfeilköcher auf, welcher Attila, dem Hunnenkönig, gehört hatte, und dachte viele schlaflose Nächte über ihre würdige Endverwertung nach. Dann kam, woher ist nicht bekannt, die Erleuchtung. Er würde die Knochen persönlich in die Urheimat der Arier, nach Indien, fliegen, um sie schließlich der dort lebenden, Leichen schmausenden Sekte der Aghoris zum Geschenk zu verabreichen. Der Gedanke, dass Aghorizähne an seinen Rippen nagen würden, beschaffte ihm zusätzliche Befriedigung, die nicht kleiner war als jene, die ihm seine erweiterte Beweglichkeit verschaffte.

Kurz und gut: Gabriele kletterte in seinen Doppeldecker, startete von Salò gen Osten, nicht ohne den Knochen bewahrenden Attilaköcher unter dem Pilotensitz festgezurrt zu haben. Nach einer reinen Flugzeit von drei Monaten und zweiundachtzig Zwischenlandungen, wobei er vergeblich versucht hatte, die Spritkosten mit italienischen Staatsanleihen, die ihm der Duce zugesteckt hatte, zu bezahlen, (Gott sei Dank hatte ihm der Duce auch noch sehr erhebliche Mengen an Gold mitgegeben, eine Währung, die überall dankbar angenommen wurde) landete er in Varanasi an den Ufern des heiligen Ganga, nicht ohne beim Landeanflug „presto" noch eine auf einem Scheiterhaufen schmurgelnde Leiche mit seinem Propeller aufzuspießen.

Zum historischen Bezug: die finanzielle Unterstützung durch den Duce war so umfangreich, dass kein Geld mehr für eine anständige Aufrüstung der italienischen Armee übriggeblieben war. Bekanntlich hatten die sowjetischen Truppen die deutsch-rumänisch-italienischen Linien bei Stalingrad im italienischen Abschnitt durchbrochen und damit den Kessel von Stalingrad schließen können. Das war ihnen gelungen, weil die italienischen Soldaten (das Geld dafür war für den Indienflug Gabrieles draufgegangen) pausenlos damit beschäftigt waren, sich gegenseitig die kalten Füße zu massieren.

An Abwehr war ergo nicht zu denken!

Mit Enttäuschung muss der Chronist noch festhalten, dass die Aghoris die Rippen Gabrieles verschmähten, da seitens der Chirurgen versäumt worden war, einen saftigen Happen Fleisch an ihnen zu belassen.

04.09.09

Der grüne Veltliner oder scheiß der Hund drauf!
Eine Reflexion.

Der Beschluss, eine mehrwöchige Alkoholabstinenz einzuhalten, scheiterte wie der Versuch, ein Faltboot die Niagarafälle hinunter zu paddeln. Der Landregen hatte unseren Tennisplatz überschwemmt. Aus, die Maus. Die Körperertüchtigung wird in den Gulli geschwemmt.

Aber: Scheiß der Hund drauf! Wir pfiffen auf Leber, Dopaminirritation und das hundemäßig schlechte Gefühl, das uns der nächste Tag bescheren würde. Motto: Jetzt trink mer no a Flascherl Wein! Schwerpunkt auf JETZT.

Schnitt. Leben wir nicht immer im Jetzt? Authentisch ist man nur, wenn der Gedanke an das Morgen so wichtig ist wie der Furz einer Ameise. Was soll aber das Wissen? Etwa das, dass ein Floh, gemessen an seiner Größe, den Kölner Dom überspringen könnte?

Was eigentlich Wissen wäre? Wir wissen nicht einmal, was Wissen ist. Genug mit anspruchsvollem Denken!

Draußen plätschert es weiter.

Nicht nur der Regen, sondern der Sohn des Mieters, der gerade seinen ersten Rausch aufs Mountainbike pinkelt. Ja, Muttis Alltag ist nicht grau!

Der Dichter (Ödon von Horvath) sagte: „Der Mensch ist ein Brotlaib mit zwoa Haxn!“ Man sollte ergänzen: „Ob mit oder ohne resches Krusterl!“ So viel zur Ontologie! „Zeit ist Zeit“, meint Polt und er hat Recht oder auch nicht. Wen kümmert's? Mich? Dich? Oder Sie?

Aus dem Ozean der Belanglosigkeit ragt wie ein Leuchtturm für den irrenden Schiffer die Flasche: grüner Veltliner!

Sein oder Nichtsein?

Schau'n mer mal, wem der Vater an Schimmel schenkt oder der heilige Pankratius einen Pankreaskrebs.

29.08.09

Die alte Babykakerlake

Nebel nistete in den gewaltigen Zedernwäldern, die sich von McLeod Ganji nach Lower Dharamsala erstrecken. Der Dalai Lama war nicht weit. Die Luft stand schwanger von Regen oder so. Der Zug, der uns durch die Tropennacht zu den Ausläufern des Himalaya gebracht hatte, hieß Jammu Mail und war mit hundert und zwei Plumpsklos ausgestattet, welche ohne technischen Schnickschnack zeitgleich als Dusche verwendet werden können.

Magisches Indien! An der Abortwand hing ein Poster von Tamil Nadus prächtigstem Aushängeschild, dem Tiger. Jedes Mal, wenn der Jammu Mail quietschend in die Kurven schrammte, fletschte der Tiger die Zähne. Wie viele der dunkelhäutigen Tamilen mag diese Supermieze schon klein gebissen und verschluckt haben?

Ein drawidisches Sprichwort sagt nämlich: „Je fetter der Tamile, desto glänzender das Tigerfell!“

Auch in unserer Bleibe, dem „Asia Health Resort“, gab es beeindruckende Tiere. Wir saßen am Frühstückstisch aus artengeschütztem Tropenholz und hefteten unsere Augen auf giftgrüne Limonade, picksüße Marmelade und rosarote Remoulade.

Und da geschah es: Der Coffeeboy bückte sich nach einem Strohhalm und entließ dabei einen lang gezogenen Furz, (quaggel quaggel qiek qiek grumfdiekröt) der Donald Duck an das Quieken von A-Hörnchen und B-Hörnchen erinnert hätte. Ein sublimer Duft aus einem Cocktail von sauren Windeln und „Chicken Masala“ verdrängte den bisher herrschenden Geruch nach Mottenkugeln und Insektenvertilgungsmitteln. Ob die Naht an der Problemzone schon vor dem Furz geöffnet oder erst durch ihn zum Platzen gebracht worden war? Darüber hatten wir später noch tagelang nachgedacht. (Om!)

Das Zeichen zum Auftritt des Hauptdarstellers: erst ruderte ein Paar feiner Fühler über den Tischrand, dann entbargen sich ein poliertes Köpfchen, ein artiger Brustpanzer und ein erstaunlich dominanter, gepanzerter Hinterleib. In abgezirkelter Bahn, behände und doch beachtlich spirituell (Hut ab, gute Kakerlake!) schritt eine Kakerlake von der Marmelade in Richtung Remoulade. Fragen über Fragen: War es ein ausgewachsenes Tier? Hatten wir nicht schon größere gesehen? In Grünwald, Bogenhausen, Belgravia, am Arc de Triomphe oder in der Via Veneto? Ganz zu schweigen vom Roten Platz oder dem des Himmlischen Friedens!

Gegen hohes Alter sprachen geringe Größe und geschliffener Glanz. Für hohes Alter dagegen die tief eingekerbten Augenringe und die etwas abgeschabten Fühler. Die Synthese musste lauten: eine Babykakerlake, eine alte jedoch.

Wir baten den Kellner um eine Serviette und notierten darauf einen Begriff, der uns noch lange begleiten sollte: *alte Babykakerlake!*

Fadengebunden

Wir saßen an der Theke der kleinen Kneipe. Süffel links, Süffel rechts. Dazwischen Altersdepression.

Ein krachendes Schmatzen ließ uns nach hinten blicken. Ein leichtsinniger Gast war gerade dabei, die Landjäger, deren Verfallsdatum seit über einem Jahr abgelaufen war und die sich in praller gasiger Hülle gelb verfärbt hatte, wieder auszukotzen.

„Ich bin kein Vorleser, sondern Rezitator", ließ sich das verkannte Genie vernehmen. „Die evangelischen Schulen im Orient haben mich immer direkt angefordert!"

Platsch, eine neue Ladung Kotze landete auf cremebeige-saugendem Teppichboden. Der sich ausbreitende Duft erinnerte an eine Mischung aus Essigessenz und Wirsingdurchfall verschissener Windeln.

„Und hier ist ein Bändchen mit meinen Gedichten, eine Auswahl aus meinem Programm. Ich mache übrigens immer ein Programm."

Betretenes Schweigen derer, die in anderen Welten leben.

„Hat man was versäumt, wenn man Alexandria nicht gesehen hat?", ließ sich ein Authentizitätsurgestein vernehmen.

„Dessau hieß übrigens der Schlachtkreuzer, auf dem der Großonkel des Großvaters meines Freundes an der Schlacht von Skagerrak teilgenommen hatte. Ich verstehe nicht, dass unsere Marine überhaupt *rausgefahren* ist, bloß weil die Engländer *umhergefahren* sind! Hätten wir die Engländer doch einfach ihre Kohlen verfeuern lassen, dann hätten sie irgendwann wieder *heimfahren* müssen!“

„Prost“ meinten wir, um Kommunikationsbereitschaft zu heucheln.

„Ich stoße nur an, wenn ich trinken will und jetzt will ich nicht trinken, weil ich gerade getrunken habe!“, nörgelte das Authentizitätsurgestein.

Stimme von links: „Ich bin halt da, weil ich nicht zwei Stunden zuschauen muss, wie die Ente im Rohr schmort!“

„Ja, aber muss man die denn nicht immer wieder aufgießen?“, fragte der Nichtproster.

„Der Gedichtband kostete uns über 32.000 Euro, denn wir legten Wert darauf, dass er *fadengebunden* ist.

Hörprobe: „Will ein Gerichtsvollzieher in der Wüste einen Nomaden pfänden, muss er dort jämmerlich verenden!“

Neues Thema: „Krafttraining ist gut gegen Osteoporose!“

Der Authentische: „Ja, wie soll das dann mit mir weitergehen? Zum Handballspielen hätten sie mich mit meinem einen Arm nie ausgewählt, zum Fußballspielen schon, sogar bei den Löwen!“

Der Rezitator meinte noch: „Eine ewig schuldig gebliebene Mahlzeit habe ich mir in hohem Alter noch nach mehrmaliger Aufforderung in Form eines Verzehrbons für ein Hähnchen und ein Bier eingelöst!“

„Na, dann schloss sich ja eine jahrelang offene Wunde!“, meinte ich.

Ein schmatzend-ratschendes Geräusch ließ uns zum Rezitator aufblicken: sein Gebiss hatte sich verselbstständigt und hing schon rosafarben zu zwei Dritteln aus der verblüfften Mundhöhle – um eine halbe Sekunde später mit einem dezenten Gluckern ins halbleere Bierglas zu rutschen.

„Leider nicht fadengebunden!“, dachte es in mir.

Kasperl und Petzi

Mann, war ich froh, dass ich aus dem Flugzeug rausgekommen war, bevor irgendwelche Sicherheitsfuzzis entdeckt hatten, dass ein kopfloser Sikh, d.h. logisch auch einer ohne Turban, aus einem „overhead compartment“ herausblutete. Dass er maustot war, versteht sich von selbst oder haben Sie schon mal jemanden ohne Hals husten höre, geschweige denn atmen?

Aber beginnen wir von vorne: In jedem Sikh-gelenkten Taxi, bei dem der oder das „meter“ mit einem unhygienischen Gebetsteppichlein behangen war, sodass man nie sehen könnte, wie viel man in den stoßdämpferfreien, grüngelben Monstertaxis abgeholpert hatte – Bandscheibe, ahoi! – befand sich (korrekt, wie Sikhs sind) ein deutlicher Vermerk „AC (air condition) plus 25%.“

Aber: schaltete der wackere Sikhkapitän die AC ein, sprühte ein Wackelkontakt – ich dachte an Wunderkerzen, Whisky zur Bescherung und einprägsame Diwali Feuerwerke, ein Universum von ineinander verschlungenen Lichtschnüren und an angeschickerte Eltern – daraufhin machte sich im Fahrgastraum zwar kühle, aber gleichzeitig nach Curry, Diesel und Wieselgeruch riechende Luft breit. Prost, Mahlzeit, wie gut, dass Tierfilme bis jetzt noch ohne Geruch gezeigt werden! Ein Eselarsch schlägt bekanntlich das Hosentürl eines jeden Zigeuners, wenn es um die Belastung der Nasensensoren geht (rumänisches Sprichwort).

Was ich andeuten möchte, ist, dass ich mit jeder Taxifahrt ein Anwachsen eines erst undefinierten, dann vagen und schließlich extrem konkreten Anti-Sikh-Rassismus entdeckte. Ich überspringe weitere 427 Sikhtaxifahrten, bei denen ich genervt, betrogen und zugestunken worden war.

Schnitt: Ich sitze im Flugzeug, vor mir ein Turbanträger mit mindestens 1028 eingerollten, von einem rostigen Metallkamm festgehaltenen Falten eines 724 Meter langen senfgelben Tuchs und einen dazu passenden kleinen, aber spitzen und scharfen Dolch, mit dem er sich die Fingernägel putzte. (Delhikrusten am Boden deutscher Flugzeuge!)

Der Rest lief ab wie ein PC-Programm: Sikh wälzt Richtung Toilette, ich löse meinen Sicherheitsgurt und trotte hinter ihm her. Sikh will Toilettentüre schließen, ich habe meinen Fuß in der Türe, Sikh möchte feststellen, was los ist, ich renne ihm zwei Ringfinger in die Nieren. Gelähmter Sikh bricht über der Toilette zusammen. Ich öffne den Klodeckel und schiebe seinen Turbankopf in die Schüssel, seine Arschbacken zittern hilflos noch ein paar Mal das klassische Todeszucken (als Kinder sprachen wir bei von Großmutter geköpften Hühnern von den letzten Lebensgeistern), ich drücke den „flush button," mehrere Atmosphären Naturgewalt trennen Kopf vom Rumpf, der Restrumpf sinkt mir blutend entgegen.

„*Selber schuld*!", dachte ich mir „Das hast du davon, dass du mir mit deinem öden Turban die Sicht zum Monitor, wo gerade Kasperl und Petzi, meine Lieblingssendung lief, versperren musstest! Und jetzt ab in die Heia!"

Die wenigen Schlagzeilen werden nicht wiederholt, ich saß am Stammtisch und hörte mich sagen: „Der Inder ist vielleicht glücklicher als wir!"

Prost!

Haiku

Er ist high.
Wir sind high(ly)-lig
dagegen.

17.08.09

In frischer Sommerfrische

Auf dem Nachbartisch stand ein kleiner Hund und kotzte eine wässrige Flüssigkeit auf die Tischdecke. Als das Tier hustete, bestellten wir uns noch zwei „Birdies". „Mein armes kleines Hündchen, was tust du deiner Mama an?", klagte die Hundebesitzerin und nahm ein wertvolles Seidentaschentuch aus ihrer verschnörkelt verarbeiteten Krokodilledertasche. Der Griff zur Tasche wurde durch ein blitzschnelles Einführen des kleinen Fingers in ihr rechtes Nasenloch unterbrochen, ohne dass der hervorgeholte Rammel die von ihr im Stillen gewähnte Größe erreicht hätte. Dem dabei an ihrem Zeigefinger aufblitzenden pflaumengroßen, in blaugrauem Titan gefassten Halbedelstein gelang es jedoch nicht, dem kleinen schleimigen Bruder an der Fingerspitze die Schau zu stehlen.

Ratschbum: In diesem Augenblick fielen 280 Nordic-Walking-Stöcke, die an der Wand geparkt waren, nach links. Gleichzeitig griff ein zahnloser Pilzesammler der debilen Kellnerin unter den Rock und sabberte aus und um seinen einzigen dunkelbraun gefärbten Zahn. Kein Wunder, dass unsere bestellten Getränke nicht kommen wollten! Ein Gedanke schoss uns gleichzeitig durch den

Kopf: Wenn der Pilzsammler hier wohnt, bleibt uns der Schnabel ewig sauber!

In einem in der Sonne geparkten Auto, dessen Fenster geschlossen waren, erstickte gerade ein dickes Touristenbaby. Gut, dass immerhin noch das Autoradio kräftig jeierte, aus dem die „ Zorros“ lauthals abblähten: „auch die beste Sommerfrische geht einmal vorbei, auf eins und zwei folgt nun mal drei, darum, mein kleiner Freund, goodbye“!

Wir hatten genug gesehen und gehört und gingen die drei Stockwerke nach unten ins aromatisch klimatisierte Klo, wo aus unsichtbaren Lautsprechern Händels Wassermusik erklang, bevor wir über die sieben Berge nach Hause radelten.

Es muss nicht immer Mallorca sein, wo die Terroristen der ETA immer frecher werden!

Leopold

Kennen Sie das, wenn man von guten Freunden über Weihnachten eingeladen wird und man nicht weiß, was man ihnen schenken soll?

Die Beantwortung der Frage, was schenken, erschien uns nach fünf Gläsern Traminer auf einmal überhaupt nicht mehr schwer – Balsam!

So viel voraus: Unsere Freunde hatten einen riesigen Rottweiler, der, wie uns telefonisch von der südafrikanischen Garden Route mitgeteilt wurde, quasi das Ende seiner bellenden Laufbahn erreicht hatte. Eine by-pass-Operation hatte wenig bewirkt, ebenso wenig der Austausch seiner Zähne für ein Edelstahlgebiss, von der teuren, aber wirkungslosen Chemotherapie ganz zu schweigen. Verstehen Sie uns nicht falsch. Wir hätten dem teuren Tier noch viele gute Jahre gegönnt, auch noch viele seiner Leckerbissen, er hätte auch ruhig weiterhin einen nach dem anderen der schwarzen Briefträger verspeisen können. Aber schließlich brauchten wir ein Weihnachtsgeschenk! Gesagt, getan! Natürlich platzierten wir das Sezierskalpell nicht im Handgepäck, ebenso wenig wie das Ostergras, mit dem man erhebliche Hohlräume ausfüllen kann. Wenn Sie etwas vom Tierpräparieren verstehen, wissen Sie, dass es nicht ungeschickt ist, eine Luftpumpe (elektrisch oder handbetrieben spielt keine Rolle) mitzuführen, deren Ausgangsschlauch der Präparator in den After des auszustopfenden Tieres einzuführen pflegt, um nach gehöriger Druckerhöhung die Balsamierung einzuleiten. Übrigens, auch die berühmte Pekingente wird erst aufgeblasen, bevor sie die Vollendung erreicht!

Ersparen Sie uns die Reisebeschreibungen und lassen Sie uns gleich zum Abend des 23. Dezember vorrücken. Während unsere Gastfamilie gebannt vor dem Fernsehgerät saß, um zu erleben, wie Ebenezer Skroog von den Geistern in Angst und Schrecken versetzt wurde, verließ Leopold mit einem Stück leckerer Stadtwurst, die wir uns aus Kostengründen bei der heimischen Freibank besorgt hatten, seine warme Austragsdecke. Wir schritten zur Tat: ein schneller Schnitt mit dem Skalpell, den Eimer unter die sprudelnde Halsschlagader, die zuckenden Hinterläufe beruhigend streichelnd (wir sind ja keine Unmenschen!) und auf ging das Werk! Nach weiteren fünf Stunden harter Arbeit im Schuppen und während unsere Gastgeber schon dem heiligen Abend entgegenträumten, war es geschafft! Das stolze Tier stand aufrecht und erhaben, die Pfote auf einem großen Brett von Yellowood verschraubt, Glasmurmeln in den Augenhöhlen und ein ferngesteuertes Tonbandgerät mit seinem Bellen im Bauch.

Nun zur Bescherung: Wir hatten das Leopoldpräparat in einem günstigen Augenblick, nämlich, als die Hausfrau den Straußenbraten aufgoss, unter den Christbaum gerollt, das Tonband mit dem Bellen aktiviert, den Elektromotor in Gang gesetzt, der für das Schwanzwedeln sorgte.

Mit dem Ruf: „Da bist du ja, mein Baby, wie schön du bist!“ schoss die Hausfrau aus der Küche um sich an den Hals des Präparates zu werfen, welches wir in dem Moment just schneller wedeln ließen. Als wir am ersten Feiertag auf Reisen gingen, waren Hundemumie und Frauchen noch immer unterm Weihnachtsbaum in enger Umarmung vereint. Sogar das Bellen funktionierte noch, nur der Schwanz wedelte langsamer, weil die Batterie erschöpft war. Zwei Tage später erreichte uns zu Hause eine E-Mail mit dem Text: „Ihr seid wunderbar gewesen denn jetzt habe ich den unsterblichen Leopold, für den wir weder Hundesteuer noch Haftpflichtversicherung benötigen. Im Anhang ein Foto vom Leopoldpräparat mit zwei brennenden Kerzen auf dem Kopf vor einen Nikolausschlitten gespannt mit Glasaugen, in denen sich noch Jahrhunderte lang das glückliche Lächeln bescherter Kinder spiegeln kann!“

Als P.S. eine Notiz vom Hausherrn, kurz und bündig: „Well done!“

Mensch, Maus und Hund

Waldi pfefferte die Grasnarbe mit den Hinterpfoten rotormäßig in die Luft wie die Garben einer „Thompson Gun".

Zeugen sagten später aus, dass die Hundehalterin gerufen hatte: „Such's Mauserl, Braver, such!"

Der Greenpeace-Aktivist aus der Arbeitsabteilung „Freiheit für Gräser" hatte seine 45er Magnum gezogen, in der sich Spezialmunition mit besonderer Mann-Stopp-Wirkung befand, und mit dem Aufschrei: „So viel Leid!" das Feuer auf Hund und Frauchen eröffnet. Der Hund zerplatzte wie eine reife Melone, von den Sträuchern tropften Blut, Gehirn und Eingeweidereste, während Frauchen nicht nur der Kopf, sondern auch der halbe Arsch weggerissen worden war.

Der Anwalt der Verteidigung soll vom „Free Earth Movement" finanziert worden sein.

Der Tierschutzverein weigerte sich aufgrund der bevorstehenden Stadtratswahlen eine Stellungnahme abzugeben und die chinesische Botschaft hatte einen Beobachter zum Prozess geschickt, weil ein Reporter der Lokalzeitung die involvierte Maus als Chinesische Schermaus apostrophiert haben soll. Natürlich kam es zu einem Freispruch mangels Beweisen, weil die Leiche Waldis faktisch verschwunden war, geschweige denn, hätte ausgestopft werden können, um die forensische Asservatensammlung zu bereichern. Und Frauchen war eh nicht mehr der Rede wert.

Erwähnt werden soll noch am Schluss, dass der internationale Lenkungsausschuss der Ostermarschierer ein Solidaritätstelegramm an Greenpeace gesandt hatte, allerdings nicht ohne zu rügen – das soll fairerweise auch angemerkt werden –, dass der Einsatz von Feuerwaffen, wenn es um die Natur geht, zwar verständlich, aber nicht verhältnismäßig sei. Ein Holzhammer von ausreichender Größe, so die Ostermarschierer, hätte, geschickt geführt, dasselbe Ziel erreichen können.

Über den Wolken

Der schwule Stewart Vincent drückte mir vier Beutel fettgeröstete Cashewkerne in die Hand und schenkte mir – nicht ohne anzudeuten, dass er jetzt in München drei Tage und vier Nächte frei hatte – das fünfte Glas Champagner ein. „Schade, dass ich ausgerechnet dann meine Murmelsammlung polieren muss, außerdem wünscht meine Frau, dass ich ihre noch nicht aufgespießten Schmetterlinge aufspießen werde."
„Daher der Name Spießer", bemerkte der schwule Vincent bissig.

Seine weiche Oberlippe versteifte sich über dem perlmuttfarbenen Lächeln und – vorbei war die Saftschubse!

Zehn Cumuluswolken weiter Champagner und eine weitere Freizeitoption von Vincent. Diesmal Heubad.

Ich: „Ich spiele lieber Federball!"

Er: „Ich bin leicht wie eine Feder!"

Ich: „Dann doch lieber Fußball."

Er: „Sie kicken also?"

Einige Monate später las ich in der „Times of India", dass sich ein Selbstmordattentäter in einem Parfumladen ausgerechnet vor einem Regal 4711 (nicht 9/11, er musste die Zahlen durcheinandergebracht haben) in die Luft gesprengt hatte. Das abgedruckte Bild aus dem Ausweis des Attentäters ließ mich nachdenklich werden. Es handelte sich eindeutig um Vincent, wenn jetzt auch deutlich bärtiger! Was mochte wohl in dem charmanten Flugbegleiter seit jener von ihm so sehnlich erwarteten Dreitagefreizeit vorgegangen sein? War vielleicht sein Leguan gestorben oder waren die Weißwandreifen seines Borgwart Isabella Coupés gestohlen worden? Oder hatte er ein wichtiges Federballmatch verloren? Vielleicht war er aber auch nur zu einer Wahl gegangen? Was die beste Erklärung gewesen wäre.

Mobby Dick oder Die wahre Geschichte der jüngsten Vergangenheit

Mobby Dick hatte nichts mit Hermann Melville zu tun. Er hieß Mobby Dick, weil er dick war und deshalb gemobbt wurde.

Wenn Mobby Dick auf die Firmentoilette ging, dauerte das natürlich länger, weil die „shitbox“ so eng war und er sehr lange brauchte, um sich zu entblättern. Schließlich mussten seine Cellulitisstampfer bandagiert und seine Schwimmreifen mehrfach korsettiert werden, was sein Vorhaben wesentlich verzögerte. Regelmäßig mobbende Kollegen riefen in seine Kackzelle hinein: „Sollen wir dir eine Schere schicken?“ So ging das jeden Tag. Irgendwann wurde es Mobby Dick zu viel und er beschloss, etwas zu ändern. Gesagt, getan!

Er schob sich ein letztes Mal, wie er es sich selbst versprochen hatte, ein fettes Stück Prinzregententorte in den Schlund und steckte sich ein Paar Oropax tief in die Gehörgänge, um seine Notdurft akustisch ungemobbt verrichten zu können.

Irgendwann bekamen es die mobbenden Kollegen spitz, dass Mobby Dick nicht mehr hörte, was sie ihm zuriefen. Grund: die streuselförmigen, roten Pusteln, die er früher aufgrund seiner Erregung aus der Haut zu treiben pflegte, blieben aus. Aber: Kluge Vorkehrung nährt böse Erfindung! Und eines Tages, als Mobby Dick sein Geschäft verrichtete, wurde ihm an einer Spagatschnur eine Schere von der nach oben offenen Clozelle, in sein Refugium herabgelassen. Da beschloss Mobby Dick abzunehmen, sich einen Schnauzbart wachsen zu lassen, Politiker zu werden, sein Haar auf Vordermann zu bringen, sich nur noch vegetarisch zu ernähren, einen Schäferhund namens Blondie zu dressieren, den Vertrag von Versailles zu kündigen, Raum ohne Volk für ein Volk ohne Raum zu aquirieren, seine Soldaten einzuladen, fremde Länder zu besuchen, Untermenschen auszumerzen und Übermenschen zu fördern, indem er ihnen auf Autobahnen freie Betonfahrt ermöglichte und in der Weltgeschichte eine herostratische Fußnote zu hinterlassen.

So hat jede historische Weichenstellung oder auch Katastrophe – wie in unserem Fall – einen trivialen Hintergrund, der nicht selten aus der banalen Bosheit der Mitmenschen entspringt.

Ja, ja, das ist die wahre Geschichte von Mobby Dick. Würde ihn ein englischsprachiges Medium im Jenseits besuchen und ihn bitten, zurückzukommen, würde er nach einigem Zögern polyglott antworten: „O.k., but this time no more Mr. Nice Guy!“

Rebis Seelenwanderung

Bei der letzten Reinkarnationstherapiesitzung stellte sich heraus, dass ich Millionen früherer Jahre als Reblauspopulation verbracht hatte. Nennt mich einfach Rebi!

Das Gute an dieser Zeit: Es ging reinkarnationsmäßig nicht rückwärts; das Schlechte: Es ging aber auch nicht vorwärts.

Im Vormärz platzte die karmische Blase. Damit hatte ich nicht mehr gerechnet, nachdem ich aufgrund meiner millionenjahrelangen Immer-wieder-Reblausreinkarnation bei einem unserer Reblausdruiden runischen Rat gesucht hatte. Einer hatte mir orakelt, indem er eine winzige Meditationskappe aus Weinlaub über sein Köpfchen gezogen hatte: „Lieber Reblausbruder, wir sind alle Kinder der großen Reblaus, die von Alpha bis Omega wohl für uns sorgt. Wenn deine Schicksalsrebe reif ist, wird sie von der großen Reblaus gewiss zur Ernte freigegeben werden!"

Aber wie Gnade so spielt, manchmal wird man halt genau bis an die Grenze seiner Fähigkeiten befördert oder sogar darüber hinaus!

So fand ich mich auf einmal als Napoleon auf dem Rückzug aus Russland, als Wilhelm II im holländischen Exil, als der von den Nazis ermordete Hellseher Hanussen, als Ludwig Erhard, dem der listige Konrad Adenauer seinen Kanzlerstuhl ansägte, als Karl Valentin, der beim Zitherkonzert kein Ende fand, und ich frage mich als momentaner Silvio, ob mich die dritte Haartransplantation einer neuen Minderjährigen in ihre „bellezza" tragen könnte. Da erwachte ich zur Wahrheit!

Wie angenehm beglückend, authentisch und vollendet, vergleichbar einer Stradivari, waren dagegen meine Reblaus Äonen gewesen!

„Duck dich!", sagte eine mächtige Stimme, die ich sofort als die der großen Reblaus einordnen konnte. Ein tödlicher Strahl von Pestiziden zischte haarscharf an mir vorbei. Ich hatte mich mit meinen vielen Beinchen an den Stängel eines Rebstocks geklammert und versuchte, meine Gedanken zu ordnen. Daheim ist daheim! Auch positive Reinkarnation kann nach hinten losgehen, drum lass uns zufrieden sein, in dem Gedanken, dass die große Reblaus in ihrer unendlichen Liebe zu uns den karmischen Aufstieg immer dann abbrechen wird, wenn er zum Albtraum wird. Das sagt Ihnen Ihr Rebi!

Säbben Eläben

„This one?", fragte der thailändische Polizist an der Ecke auf meine Frage, wo es einen Supermarkt „7 Eleven" gäbe. Verzweifelte Suche nach Gluck Gluck – Bier für den Eisschrank im Hotelzimmer, wo das Innere der Minibar so öde war wie die Lüneburger Heide, abgesehen von einer nebbigen Flasche stillen Wassers.

Die eine Hand des Polizisten deutete in eine Richtung, die andere in die entgegengesetzte, mit dem Kopf machte er einen leichten Kreis. Über uns donnerte unablässig der „Skytrain", neben uns und um uns entließen Millionen von Tuc-tucs ihr Giftgas in die Lungen hechtender Menschenmassen.

Dann deutete der Polizist mit dem Fuß auf die Überführung, auf der sich ameisenartige Kolonnen emsiger Thais drängten. Mir fiel die Fresse nach unten, als meine Liebe fragte: „Do they have Heineken at 7 Eleven?" Darauf er: „This one, the tuc tuc, this one!" Wie aus dem Boden gewachsen war ein Tuc Tuc zur Stelle, dessen Besitzer uns mit freundlich gefletschten Zähnen in sein chrombunt verziertes Gefährt schieben wollte. Meine Freundin: „Heineken?" und, weiter: „Wo? Wie viel?"

Er: „Buddha-Tempel!"

Meine Liebe: „Aha, er meinte, beim Buddha-Tempel gibt's Heineken.“

Ich versuchte, meine Kreislaufstörungen in den Griff zu bekommen, indem ich abwechselnd den kleinen Finger jeder Hand dreißig Sekunden lang strömte (Jin Shin Jyutsu).

Meine Freundin: „How much Tuc Tuc Buddha Tempel? Heineken?”

Mir wurde schwarz vor Augen und die Pfütze von Eigenschweiß, in der ich stand, wuchs an. In dieser Pfütze spiegelten sich die Lichter eines gegenüberliegenden Schreins vor dem Hintergrund des erhabenen Turms des Hyatt-Tempels.

Meine Freundin: „Were you born in Bangkok?“

Ich, in Gedanken: „Nicht würgen!“

Tuc Tuc Fahrer: „20% shopping centre for to get stamp!“

Bevor ich zu Boden sank, zog ich die Notbremse mittels des Totschlagarguments: "Ich brauche dringend eine Toilette, der Curry von heute Mittag macht sich bemerkbar!”

Freundin zu Tuc Tuc: „We come back, you wait!“ Dann weiß ich nichts mehr. Als ich wieder erwachte, lag ich in einer Art Fernsehstuhl und der Gedanke an die Existenz von Paralleluniversen drängte sich mir unabwendbar auf.

Ein pfannkuchenförmiges Gesicht bohrte gerade ihren stahlharten Daumen ins zentrale Nervengeflecht meiner Fußsohlen. Der Blutdruck stieg, die massierende Hand bohrte tiefer und schmerzhafter, dieses Mal zwischen meine Zehen. Eine scharfe, nach Kampfer riechende Essenz stieg durch meine Nase ins Gehirn und ich war wieder wunderbar frisch. Begeistert fragte ich: „Where do you get this one?“

Sie: „Säbben Eläben. Take Tuc Tuc!“

So schließen sich viele Kreise im Leben.

Shit on shoe, Sir

Am Palika Bazar mitten in Delhi herrschte regstes Treiben, als wir uns zum Shoppen aufmachten. Was, das weiß man in Indien von vorneherein nie so genau und nachher fühlt man sich auch irgendwie gelackmeiert oder so. Aber zurück zum Ablauf:

Ein Zupfen an meinem Ärmel, eine beschwörende Stimme mit der Aussage „shit on shoe“, ein sich blitzschnell am Boden zur Seite rollender Kollaborateur, der nicht mehr zu sehen war, der aber zielsicher einen fetten Suppenlöffel eines unappetitlich aussehenden halbflüssigen Batzens auf meinen rechten Schuh geschneppert hatte. Der wispernde Zupfer deutete nach oben, wo einige der berühmten indischen Zaunkönige ihre unberechenbaren Kreise zogen und meinte: „Glück gehabt Sir, dass ein Zaunkönig Sie nicht auf den Kopf getroffen hat!“

Aha! Gegen die Zaunkönigthese sprach der Umstand, dass die Masse des grausigen Corpus Delicti etwa das Fünffache derer eines ausgewachsenen Zaunkönigmännchens betrug. Sei’s drum! Auch am Schuh bringt ein Batzen Glück!, dachte ich und erinnerte mich an eine Reisewarnung der Deutschen Botschaft in Delhi, in der darauf verwiesen wurde, dass man nicht ausschließen könne, dass sich besagte Zaunkönige für weniger als zwei Senfkörner am Tag mit der örtlichen organisierten Kriminalität zusammentun würden. Auch wurde empfohlen, sich vor der Einreise nach Indien einer Impfung gegen die so genannte Zaunkönigzecke zu unterziehen, die dann eine Gefahr darstellen könne, wenn einer der auf das Entreißen von Geldscheinen aus der Hand trainierten Vögel sein Ziel verfehlen und beim Abdrehen mit dem Steuerschwanz eine Zecke an der Hand des intendierten Opfers abstreifen würde. Machen wir's kurz, der hagere „shit on shoe"-Rufer entpuppte sich als voll ausgerüsteter Schuhputzer, hatte, ohne dass ich es bemerkt hatte, meinen Fuß auf ein Holzpodestchen gestellt und begann mit schamanischer Gebärde und einer Zahnbürste, die nicht zum ersten Mal mit shit on shoe in Berührung gekommen sein dürfte, den shit on shoe zu entfernen und dabei wiederholt und beschwörend zu murmeln: „500 Rupees Sir, only, 500 Rupees, only!" Da drehte ich durch: entriss dem Satan seine Zahnbürste und schleuderte sie in hohem Bogen in die nächste Hecke, in der ungetrennter Müll ein ewiges Dasein fristete. Die Reaktion kam postwendend: Über Handy rief der Hagere ca. 320 messerschwingende Kumpane herbei und wenn die riot police nicht ebenso schnell zur Stelle gewesen wäre und die halbe Bande in fünf Sekunden mit Schrotschüssen niedergemetzelt hätte, würden unsere Köpfe sicher heute noch neben besagter Zahnbürste in den Büschen liegen. Irgendwie war es uns gelungen, dem Hexensabath zu entrinnen und uns mit zerfetzten Kleidern in die Festung unseres Fünfsternehotels zu retten. Eine andere Welt: Namaste-brabbelnde Türsteher, lächelnde Saris, lächelndes Sicherheitspersonal, lächelnde Rezeptionisten und ein lächelnder Liftboy, der seinen Blick auf meinen linken Schuh heftete, eine Zahnbürste aus der Brusttasche seiner Uniformjacke zog und hinzufügte: „shit on shoe, Sir.“

05.09.09

Sitzungswiese oder: Göttliches Walten im Fels

Dreiundvierzig schwarze Krähen hielten eine weit verstreute Parlamentssitzung auf einer kuhfladenbedeckten Bergwiese. Es erforderte nur kurze Beobachtung, um den Abstimmungsmodus herauszufinden. Leichtes Abknicken des rechten Flügels bedeutete: NEIN. Das starke Heben der linken Kralle war JA, heftiges Krallenscharren bedeutete Enthaltung. Es war deutlich, dass die bürgerliche Mitte über eine beruhigende Mehrheit verfügte. In der Luft irrten einige verwirrte Vögel umher, denen es nicht gelungen war, die Fünfprozenthürde zu nehmen. Wir beobachteten die Sitzung mit steigender Spannung, nicht zuletzt in der Hoffnung, einen so genannten Hammelsprung zu erleben, d.h. Abstimmung über eine Frage durch Verlassen der Sitzungswiese. Fehlanzeige: Für den Quantensprung eines Hammelsprungs waren die Krähen nicht reif. Durch dreimaliges Schnabelschnattern gebot der Präsident Silentium. Wir folgten den dreiundvierzig Vogelaugenpaaren, die sich nun alle konzentriert auf die Felswand richteten.

Dort war gerade mit erheblichem Getöse eine Steinmure abgegangen, in deren Mitte man die wirbelnden Gliedmaßen einer Bergwanderin erkennen konnte. Zwei Tage später lasen wir auf der Begräbnisseite des Alpenboten folgende Mitteilung: *Unter großer Anteilnahme der Bevölkerung fand gestern die Eilbestattung der völlig zerschmetterten und deshalb in einen Kindersarg passenden Walpurgis Unterobernebenpertinger statt. Der Prälat Hubertus Brathungerfisch, Kooperator und Novize, gedachte der Verblichenen mit folgenden Worten: „Die Wege des Herrn sind unergründlich und um seine Ziele zu erreichen, verzichtet er meist auf das Ungewöhnliche. So wollte unserer Schwester Walpurgis eigentlich nur pieseln, was ihr niemand verübeln hätte können, hatte sie doch in der Alm drei Maß weißes Ökobier zu sich genommen, was wir in Dankbarkeit als Bekenntnis zur Heimat werten sollten. Dann hat sie der Herr das Übergewicht kriegen lassen und sie ist dann halt heruntergerauscht wie – um einen volkstümlichen Begriff zu verwenden, verehrte Trauergemeinde – wie eine gesengte Sau. Amen.“*

Wir schnitten uns die Todesanzeige aus, ließen sie bei Karstadt rahmen und jetzt hängt sie im Herrgottswinkel unserer Südtiroler Zirbelstube, die sich im 24. Stockwerk unseres Wohnblocks eines Neuperlacher Hochhauses befindet.

Immer, wenn sich eine Krähe auf unser Fensterbrett setzt, fragen wir sie in Gedanken: „Gibt's vielleicht wieder etwas Neues aus der Politik?"

Thaimassage

„Wie gut, dass ich heute ausnahmsweise keine Blähungen habe!“ Die hellblau perlmutt glitzernde Haarspange des mich knetenden Thaimädchens warf kaleidoskopähnliche Figuren an die Wand der licht gedimmten Zelle eines Bangkoker Massagesalons. Die Masseurin presste erst ihre Hände in meine Waden, dann ihre Füße in meinen Schritt. Hoffentlich stampft sie nicht auf!, dachte ich und versuchte für alle Fälle die Yogaübung „Sagin Wanst“, ein alter Sanskrit Begriff, der auf Deutsch bedeutete: „Hoden an den Körper ziehen!“ auszuführen. Just in dem Augenblick legte sie Hand an den Ausgang meiner Hauptschlagader im Oberschenkel und klemmte mir damit mein Blut und sein Fließen ab. Ich wollte sie noch nach ihrem Namen fragen, als ich feststellen musste, dass sich ein paar Tropfen meiner Blasenflüssigkeit verselbstständigten und direkt in die Massagehose flossen, ganz nach dem Motto: „Du kannst ihn schütteln, schlenkern stoßen, der letzte Spritzer geht in d’Hosn!“

Schon bald setzte sich die gute Masseurin ihren Mundschutz auf und zog ihn über ihre Nase. „One moment please, same same!“, sagte sie und verschwand, um im nächsten Augenblick mit einer Duftkerze in der einen Hand und einer stark riechenden Lotion in der anderen die Massage fortzusetzen.

„Aha!, dachte ich mir, so massiert man in Thailand Gerüche weg!

Niemandsland: Wie man hinkommen kann

Es begann damit, dass ich mir meine Urlaubspackung Hühneraugenpflaster bei meiner Apothekerin, Frau Dr. Nimmerrein, abholen wollte.

Böse Zungen behaupten, ihr Name passe zu ihrem schmuddligen Aussehen, noch bösere meinen, er hätte eine ganz andere Bedeutung.

Während sie wie eine Blindschleiche ins Lager huschte, um meine Pflaster zu suchen und ich ihre Abwesenheit nutzte, um blitzschnell einen Traubenzuckerriegel vom Regal zu fischen und in meinem Mund verschwinden zu lassen (ich tat das immer mit Erfolg, genehmigte mir auch gerne eine Gratisladung Nasenspray; – nur einmal hatte ich Viagra mit Halspastillen verwechselt und musste mit 180 Grad, wie bei einer Eule den Hals nach hinten verdreht, den Laden schleunigst verlassen, um nicht aufzufallen), da fiel mein Blick auf die kostenfrei ausliegende Apothekerzeitung.

Zwei Überschriften erregten meine Aufmerksamkeit:

Warum altern, wenn es eh keinen interessiert?

und

Schnarchen – Bin Laden der Partnerschaft

Während ich darüber nachzudenken begann, ob es nicht besser heißen sollte: „Schnarchen – Edmund Stoiber der Partnerschaft“, um damit die

Hoffnungslosigkeit stärker zu assoziieren, hatte Dr. Nimmerrein auch schon meine Hühneraugenpflaster zusammen mit Tempotaschentüchern und einem medizinischen Panettone in der Größe eines Hirschhornknopfes in ein Tütchen gepackt.

Mein Interesse für die Themen der Apothekerzeitung bemerkend, meinte sie aufmunternd wie die Öffnung eines geladenen Pistolenlaufes: „Warum nicht gleich über seinen Schatten springen, zufällig haben wir gerade Hormonpflaster und Schnarchmasken im Angebot."

Als ich mit meinen Einkäufen, die eine riesige Plastiktüte beulten, die mit einer schlichten Äskulapnatter bedruckt war, beschwingten Fußes nach Hause eilte (es bedarf ja so wenig, um glücklich zu sein!) hatte ich ein befreites Gefühl in mir, das dem einer Schlange nach der Häutung entsprach, oder dem des Skarabäus, der nach stundenlangem Malochen seine Dungkugel in Bewegung zu setzen imstande ist. Auch ein Einsiedlerkrebs, der ein neues, leeres Schneckenhaus bezieht, muss sich ähnlich gut fühlen.

Das letzte Mal hatte ich ein solches Hochgefühl im Alter von vier Jahren gehabt: Meine Eltern hatten mir einen Kanarienvogel geschenkt, den ich in einer braunen, mit Luftlöchern versehenen Tüte nach Hause tragen durfte. Er hieß Hansi, war gelb und benutzte in den 14 Jahren, in denen er meinen

Lebensweg mit seinem Gesang begleitete, nie sein schmuckes, am Käfig angebrachtes Badehäuschen, sondern nahm Vollbäder grundsätzlich in seinem Trinknapf, was meinen sparsamen Vater immer wieder zu der Bemerkung veranlasste: „Ob der Vogel weiß, dass er uns ausnimmt wie eine Weihnachtsgans?“

Trotzdem hatte mein Vater Hansi 14 Jahre lang die Nägel geschnitten und als der treue Vogel eines Morgens tot im Käfigsand lag, die Beinchen in die Luft gestreckt, als heischten sie nach letzter Pediküre, da meinte mein Vater: „Mir kommt kein Tier mehr ins Haus, denn wenn sie sterben, waren alle Ausgaben für die Katz.“

Zu Hause angekommen, fühlte ich Bescherungsfreude aufwallen. Da lag nun, was meinem Leben die entscheidende Wendung zum Positiven geben sollte: eine Jahrespackung Hormonpflaster für 312 Euro 10 Cents und eine Schnarchmaske für 199,99 Euro.

Letztere sah noch viel ernsthafter aus als in der Fernsehwerbung und der Garantieschein lautete auf beruhigendes „Lebenslänglich“ mit der Einschränkung, dass sachgemäße Pflege Bedingung der Gewährleistung sei, worunter tägliches Einfetten mit Kamtschatka-Krill-Öl zu verstehen sei.

Nachdenklich wurde ich dagegen, als ich die Gebrauchsanweisung für die Hormonpflaster zu studieren begann.

Ich hatte mir vorgestellt, dass man das Pflaster einfach irgendwo am Körper, wo es nicht stören würde, anbringen könnte und dass die Wirkstoffe, unbemerkt von den prüfenden Augen der Partnerin, ihre segensreiche Wirkung entfalten könnte.

Dem war nicht so: Im Beipackzettel war, nach einem Glückwunsch zum Kauf, klar zum Ausdruck gebracht, dass eigene Therapievorstellungen unangebracht waren. Dort hieß es nämlich: „Ziehen Sie das Hormonpflaster vorsichtig aus seiner Klimahülle und bringen Sie es sorgfältig am Hodensack an, der vorher unbedingt zu enthaaren ist."

Ich verfiel in tiefes Grübeln: Wie eigentlich enthaart man einen Hodensack?

Eine Vielzahl von Optionen schoss mir durch den Kopf, wobei ich aber die Rasiermesser-Variante sofort ausgeschlossen hatte, denn ein gewisses, unerwartetes Alterszittern meiner Hände war nie auszuschließen und angesichts der Tatsache, dass ich kein Gummi-Mensch-Akrobat war, hätte der Gebrauch des Rasiermessers eine komplizierte Spiegelvorrichtung erfordert, ähnlich jener, die von DDR-Grenzern verwendet worden war, um an die Unterseite eines Autos geklammerte Republikflüchtlinge aufzuspüren.

Andere Möglichkeiten, die mir durch den Kopf schossen, waren die Heißwachs-Enthaarung, eine Methode, die wohl für die Krokodilbeine übertragener Besucherinnen von Swingerklubs geeignet war, aber nicht für die sensiblen Weichteile eines eher nachdenklichen Mannes an der Pensionierungsgrenze und auch die Hopi-Methode, deren Ruhm gelegentlich von new age travellers in Fachzeitschriften wie „Egos Avalon“ und „ Grillenzeit“ gesungen wurde.

Letztere Methode war den Hopi-Indianern abgeguckt, die sich zur Verschmelzung mit Manitou gerne nackt in einen Bau der Blattschneiderameisen zu setzen pflegen und so nebenbei, wenn die fußballgroßen Schwellungen abgeklungen sind, über einen Hodensack verfügen sollen, so glatt und zart wie die Klitoris einer Abalone.

Schließlich kam mir noch die Weihnachtsgans-Absenge-Methode in den Kopf: Meine Mutter pflegte die alljährliche Weihnachtsgans, eines der berühmten übergroßen Exemplare, die von polnischen Gänsetreibern unter „Hossa-Husski“-Rufen im Advent durch unser Städtchen getrieben und bei Kauf an Ort und Stelle mit einer sogenannten „Fallbeilska“ , also einer Gänseguillotine, getötet wurden – meine Mutter also pflegte diese Gans durch Absengen zu entfedern.

Da ich aber keinen Gasherd besaß, sondern nur eine Infrarotlampe, mit der ich bei Bronchitis brustbreit aufgetragenes Wick Waporup zum Verdampfen brachte, fiel auch diese Option weg.

Ich will Sie nicht länger auf die Folter spannen: Der rettende Gedanke war: Wenn ein Pflaster – nur wegen der Wirksamkeit – einen so problematischen Platz braucht, dann könnten *viele* Pflaster, wenn auch jedes für sich genommen weniger wirksam, an unproblematischen Stellen angebracht, doch zusammen mindestens die gleiche Wirkung erzielen.

Gedacht, getan!

Ich zog mich aus, beklebte mich überall mit Hormonpflastern, nur nicht dort, als ... mein Blick auf die Schnarchmaske fiel.

Wie von magischem Zwang getrieben streifte ich das Wunderwerk über den Kopf und trat vor den großen Spiegel:

Endlich war ich ein anderer: fremdartig und doch auch erhaben. Da läutete es an der Türe. Ich öffnete und trat ins Treppenhaus. Niemand! – also war es unten an der Haustüre.

Als ich halb unten war, fiel oben die Wohnungstüre ins Schloss.

Was tun?

Den Hausmeister rufen? – Er könnte einen Herzanfall bekommen!

Schlüsseldienst? – Die wollen immer Vorauskasse und würden wahrscheinlich keine Hormonpflaster als Bezahlung akzeptieren.

Versichern und alles weitere der Versicherungsgesellschaft überlassen?

Keine Chance!! – Die würden auf einem gesundheitlichen Unbedenklichkeitstest bestehen.

Die Maske abnehmen und um Hilfe rufen? – Keinesfalls! Die Maske war es, die mir den Schutz der Anonymität verlieh, ohne den ich – nur mit Hormonpflastern bekleidet – lebenslänglichen Hohn und Spott würde ertragen müssen.

Und so marschierte ich los ... – mit Pflastern **und** Schnarchmaske.

Wohin?

Ich suchte das Niemandsland, wo keiner einem etwas zu sagen hat, weil keiner den Ort besitzt, auf dem man steht. So gesehen ist Niemandsland der Ort, wo wir sein dürfen, wie wir eigentlich sind: plemplem.

Ob ich es gefunden habe? An diesen Teil des Erlebens kann ich mich nicht mehr erinnern.

Kleines Glück

Einmal betrat ich einen Bäckerladen, um mir eine Breze zu kaufen.

Als sich die Verkäuferin zum Brezenkorb umdrehte, entdeckte ich auf dem Ladenpult neben der hölzernen Zahlschüssel einen toten Käfer.

Er lag auf seinem goldgrün schillernden Rückenpanzer und seine feinen behaarten schwarzen Beinchen wiesen nach oben, absichtslos wie die toten Bäume von Tschernobyl.

Wortlos deutete ich mit dem Zeigefinger auf die kleine Mumie.

Da griff die Verkäuferin mit spitzen Fingern ein Käferbein, schwang die Leiche aufs Zahlbrett und hieb mit einer zusammengerollten Zeitung (wo sie die nur her hatte?!) wie von Sinnen darauf ein. Dabei erinnerten ihre Augen an Hering in Gelee.

Um ihr zu Gefallen zu sein, nahm ich, als die Verkäuferin luftschnappend inne hielt, meine Breze und zerdrückte den Käfer damit zu Staub.

Die Verkäuferin nickte anerkennend und ich verließ den Laden.

Irgendwie spürte ich Glück in mir und begann in tiefer Zufriedenheit den „River Kwai March“ zu pfeifen.

Animalische Realität

Es lebt der Specht
In Saus und Braus
Solang er hämmert
Sonst ist’s aus

Aufgeschnappt

Ein Leberkäs-Kenner
legt Wert auf guten Leberkäs.

Lebensabendgestaltung

Wenn Dir die Hasen
Kein’ mehr blasen,
Dann kauf Dir einfach ein paar Puten
Und lasse sie mit ihren Schnuten
Vom Autodach heruntertuten.

Meditation über Schwerkraft

Es fällt das Blatt,
Der Tropfen drauf,
Der nächtens drauf fiel
Der fällt auch.

Airborne

Einmal flog ich im Orient in der Nacht von der Küste ins Landesinnere.

Nach einer Stunde, hoch über irgendwelchen Hügeln, kündigte ein zauberisches Gelb-Rosa den Sonnenaufgang an.

Von Minute zu Minute wuchs die Scheibe des Lichtes, auf der gigantische Schwärze ruhte.

Als wir die Reiseflughöhe verließen, fiel die Heizung aus und es wurde blitzschnell bitterkalt.

Die mitreisenden Orientalen begannen zu schnattern und zogen ihre weißen Burnusse über die Köpfe.

Was für ein Anblick: Die Passagierkabine glich einer Anhäufung zitternder Schneehaufen.

Ich sog den Anblick des nunmehr voll erglühten Sonnenballs ein und versuchte zu schlummern. Da weckte mich ein Duft wie von überreifem Camembert: Mein Nachbar zur Linken war im Schlaf samt über den Kopf gezogenem Burnus halb zur Seite gekippt und hatte seinen unbeschuhten Fuß auf der Tasche an der Rückseite meines Vordersitzes abgestützt.

Die große Zehe befand sich etwa 20 cm vor meinem Gesicht.

Nach der Landung versuchte ich meine Erlebnisse über Handy an CNN durchzugeben. Das Display informierte mich jedoch, dass kein Netz vorhanden und nur ein Notruf möglich sei.

Um genügend Elektrolyte aufzunehmen, kaufte ich mir noch am Flughafen einen schönen Fruchtsalat.

Nach der Wende

Einmal fuhr ich im Frühling durch die neuen Bundesländer.

Überall grünten die Hügel und an den Straßenecken der gemütlichen Städtchen standen sympathische Arbeitslose.

Da ich mir gerne eine Thüringer Rostbratwurst an einem der zu Grillstationen umgebauten Wohnwagen kaufen wollte und außerdem noch einen Kanister mit dem berühmten Spreewalder Katzenfutter für Minzi, hielt ich am Bargeldautomaten der nächsten Sparkasse an.

Ich schob die Karte rein.

Automatenschrift: „Geben Sie Ihre PIN-Nummer ein."

Ich gab.

Automatenschrift: „Wollen Sie 5 DM oder 10 DM oder einen a n d e r e n Betrag abheben?"

Ich drückte: „anderen Betrag".

Automat: „Bitte durch 10 teilbaren Betrag eingeben!"

Ich drückte: „DM 1000" und bestätigte mit der grünen Taste.

Automatenschrift: „F R I S S S C H E I S S E S T R A N G E R !"

Ich entnahm die Reste der klein geschnippelten Karte und trieb meinen Wagen gen Westen in den Sonnenuntergang hinein.

Am nächsten Morgen buchte ich einen „last minute“ Erholungsurlaub in „Yellow Knife“ (Nordwest Kanada).

Nostalgische Assoziationsorgie

Zwei Rentner auf der Bank:

Der eine: „Heinerles Wundertüte“

Der andere: „Zuban“

Der eine: „Mokri“

Der andere: „Overstolz“

Der eine: „Peer Export“

(schweigen und nachdenken)

Der andere: „Rabattmarken“

Der eine: „Sanella- Punkte“

Der andere: „Erdalfrosch“

Der eine: „Blendax-Max“

Der andere: „Prilente“

Der eine: „Werner Höfer“

Der andere: „Lou van Burg“

Der eine: „Clemens Wilmenrot“

Der andere: „Die Schölermanns“

Der eine: „Loyd Alexander“

Der andere: „Gogomobil“

beide: „Borgward Coupé“

Ein dritter, der sich dazugesetzt hat: „Wohin gehen wir? Immer nach Hause.“

Eine zahme Krähe

Frau Klatscher rollt ihren schweren Körper jeden Morgen die schmale Betontreppe zu ihrem Garten hinunter, bevor sie sich hinter ihren Rollator schiebt, eine verwitterte Krücke an ihm befestigt und ihren gewichtigen Laib in Richtung Birnbaum schiebt, um von dort aus ohne Stützen und Hilfe zu ihrem Schnittlauchbeet zu gelangen, was sie täglich jätet. Bösen Weibern wächst (gelingt) satter Schnittlauch!

Eine zahme Krähe, die sie Rita zu rufen pflegt, wartet schon auf ein paar schimmelige Walnüsse, die sie wie in Zeitlupe aus der Tasche ihrer Freizeithose entnimmt. Gestern hatte sie die grauen Walnüsse von den guten getrennt, dabei die meisten Guten in ihr Kröpfchen gesteckt und mit je zwei Williamsschnäpsen hinuntergespült.

Ich stelle fest, dass sie gar nicht jätet wie sonst, sondern dass sie schwankt, auch ihre Äußerungen klingen verwirrt, fast so, als ob sie noch (oder schon wieder?) einen sitzen hätte.

Plötzlich holt sie mit ihrer Krücke aus und versetzt der armen Rita einen so saftigen Hieb, dass sie in hohem Bogen über den Kräutergarten fliegt und an einem ihrer Pflaumenbäume zerplatzt und klebt, um dann leblos zu Boden zu sinken.

Durch den starken Ansatz des todbringenden Hiebes löst sich das Gummiband der Hose von Frau Klatscher, die Hose rutscht zu Boden und offenbart somit ihre Unterhose bzw. ihre Windel. Nach einer weiteren vehementen Drehung öffnet sich schließlich auch ihre Windel und gleitet zu Boden. Wie das Schicksal so spielt, Frau Klatschers Hacken (sie trägt Stöckelschuhe bei der Gartenarbeit!) verfangen sich in der Windel, Klatscher verliert das Gleichgewicht und klatscht mit ihrer Birne gegen den Birnbaum. Ein feines Knirschen signalisiert: Genickbruch. Ob sie wohl noch die Sterbeversicherung abgeschlossen hatte, von der sie so oft erzählt hat, dachte ich mir, als der nun überflüssige Rettungshubschrauber herabschwebte.

Ende

Südtiroler Gedanken

A guat's Glasl tut oam olm guat!